Kepastian Akan Keselamatan

Bagaimana Kita Menjamin Bahwa Kita Sudah Diselamatkan dan Menjadi Milik Kristus

Dr. Danny R. Hermanus, DIT, Ph.D.

"Sebab segala sesuatu adalah dari Dia, dan oleh Dia, dan kepada Dia: Bagi Dialah kemuliaan sampai selama-lamanya!"
—Roma 11:36

Ayat-ayat Alkitab dalam versi bahasa Indonesia dirujuk dari Alkitab Terjemahan Baru (TB). Kutipan ayat digunakan secara terbatas untuk mendukung pembahasan, sedangkan rujukan ayat diberikan agar pembaca dapat membaca bagian lengkapnya secara langsung.

Alat kecerdasan buatan digunakan secara terbatas untuk membantu struktur, organisasi, penyuntingan, dan penyajian; namun penulis tetap bertanggung jawab penuh atas isi teologis, refleksi pribadi, dan penerapan yang disampaikan dalam buku ini.

Daftar Isi

Dedikasi

Buku ini pertama-tama saya persembahkan kepada istri saya yang terkasih, Rima Hermanus, yang kasih, kesetiaan, doa, dan dukungannya telah menjadi berkat yang terus-menerus dalam hidup saya.

Saya juga mempersembahkan buku ini kepada anak-anak dan menantu-menantu saya: Kezia dan Adriel, Gerrit dan Abigail, serta Samuel dan Thezia; dan kepada cucu-cucu saya: Zane, Melody, Seth, serta bayi perempuan yang akan datang, yang masih berada dalam perjalanan menuju dunia ini.

Dengan penuh kasih, dedikasi ini juga saya sampaikan kepada seluruh keluarga saya, anggota care cell, para gembala dan jemaat City Blessing Church, serta kepada semua orang yang perlu diselamatkan dan memperoleh kepastian bahwa mereka menjadi milik Kristus ketika mereka menerima Yesus sebagai Tuhan dan Juruselamat.

Ucapan Terima Kasih

Saya mengucap syukur kepada semua orang yang telah menajamkan pengetahuan dan keterampilan saya serta membantu saya bertumbuh dalam menulis karya ini. Dorongan, hikmat, koreksi, teladan, dan dukungan mereka telah memberikan kontribusi yang sangat berarti dalam proses penyusunan buku ini.

Saya secara khusus berterima kasih kepada istri saya yang terkasih, Rima, yang selalu bersama saya dalam setiap keadaan. Kasih, kesabaran, doa, dan dorongannya telah menguatkan saya sepanjang perjalanan ini.

Saya juga mengucap syukur untuk saudara kembar saya, Davy Hermanus, yang telah menjadi rekan saya sejak kami berada dalam kandungan. Kehadirannya dalam hidup saya merupakan anugerah khusus dari Tuhan.

Harapan dan doa saya adalah agar buku ini dipakai sebagai tuntunan untuk membagikan Injil ke seluruh dunia, sebagaimana diperintahkan oleh Yesus Kristus dalam Amanat Agung. Matius 28:18–20 mengingatkan kita bahwa segala kuasa telah diberikan kepada Kristus, dan bahwa murid-murid-Nya diutus untuk menjadikan semua bangsa murid-Nya, membaptis mereka, dan mengajar mereka melakukan segala sesuatu yang telah Dia perintahkan.

Tentang Penulis

Dr. Danny Hermanus, DIT, Ph.D., adalah seorang penulis Kristen, pemimpin pelayanan, dan profesional teknologi informasi yang hidup dan karyanya dibentuk oleh komitmen yang mendalam kepada Yesus Kristus, otoritas Firman Tuhan, dan karya pembaruan Roh Kudus. Perjalanan imannya dimulai ketika ia masih remaja melalui sebuah traktat Injil sederhana, kemudian semakin diperdalam melalui pengalaman baptisan Roh Kudus di Surabaya dan berbagai pengalaman pembaruan rohani yang membentuk beban pelayanan di balik buku ini.

Di samping panggilan pelayanannya, Dr. Hermanus memiliki pengalaman puluhan tahun dalam bidang teknologi, infrastruktur perusahaan, jaringan, dan keamanan siber. Ia pernah melayani dalam berbagai peran teknik senior dan keamanan di lingkungan organisasi yang kompleks. Latar belakang profesionalnya mencakup penerapan sistem besar, arsitektur jaringan, dan kepemimpinan keamanan informasi, yang memberinya pendekatan yang disiplin dan analitis dalam menulis dan mengajar.

Dr. Hermanus meraih gelar Doctor of Information Technology dari Walden University, Ph.D. in Biblical Studies dari Masters International University of Divinity, gelar master dalam bidang Network architecture dari Capella University, dan gelar sarjana teknik komputer dari Institut

Teknologi Sepuluh November. Pembentukan akademik dan pelayanannya mencerminkan pencarian seumur hidup akan kedalaman rohani dan ketelitian intelektual.

Dalam pelayanan, ia telah melayani dalam pemberitaan Firman, doa kesembuhan, kepemimpinan kelompok sel, dan pemuridan gerejawi, termasuk pelayanan di City Blessing Church di California. Selama bertahun-tahun, ia membawa kerinduan yang konsisten untuk melihat orang percaya dikuatkan dalam iman, berakar dalam kebenaran, terbuka terhadap karya Roh Kudus, dan diperlengkapi untuk hidup sebagai saksi Yesus Kristus yang dewasa.

Kepastian Akan Keselamatan: Bagaimana Kita Menjamin Bahwa Kita Sudah Diselamatkan dan Menjadi Milik Kristus lahir dari beban tersebut. Dalam halaman-halaman ini, Dr. Hermanus menulis bukan hanya sebagai peneliti atau pengajar, tetapi juga sebagai seorang percaya yang dibentuk oleh kesaksian pribadi, kepedulian pastoral, dan perenungan Alkitab yang hati-hati. Kerinduannya adalah membantu pembaca menemukan kepastian keselamatan yang kokoh di dalam Kristus, sambil tetap serius dalam ketaatan, tinggal di dalam Dia, dan mengalami karya Roh Kudus yang mengubahkan.

Ia tinggal di California bersama istrinya, Rima, menghargai waktu bersama anak-anak dan cucu-cucunya, serta menikmati badminton, pickleball, catur daring, gitar, dan belajar menggambar. Doanya adalah agar buku ini menolong pembaca beristirahat dalam karya Yesus yang telah selesai, berjalan dalam kuasa hidup yang baru, dan hidup dengan keyakinan bahwa mereka benar-benar menjadi milik Kristus.

Prakata

Saya menulis buku ini dengan beban yang dalam di hati saya.

Banyak orang pada masa kini masih bingung mengenai keselamatan. Ada yang hidup dalam ketakutan terus-menerus karena tidak pernah yakin apakah mereka benar-benar sudah diselamatkan. Ada juga yang mengaku sudah diselamatkan, tetapi hidupnya menunjukkan sedikit sekali bukti perubahan. Sebagian lainnya memperlakukan kasih karunia Allah dengan ringan, seolah-olah kelahiran baru memberi izin untuk terus hidup dalam dosa tanpa akibat.

Saya telah melihat kedua ekstrem itu, dan keduanya berbahaya.

Ketika saya berusia empat belas tahun, saya menerima Yesus Kristus sebagai Tuhan dan Juru selamat saya. Sejak hari itu, sesuatu yang nyata terjadi di dalam hati saya. Saya menerima damai sejahtera, kerinduan yang baru, dan kesaksian batin dari Roh Kudus bahwa saya menjadi milik Allah. Seiring berjalannya waktu, saya juga belajar bahwa keselamatan sejati bukan hanya satu momen keputusan; keselamatan adalah permulaan dari hidup yang baru. Roh Kudus datang berdiam di dalam kita, kuasa dosa dipatahkan, dan kasih karunia mulai memerintah.

Buku ini adalah usaha saya untuk menyampaikan kebenaran-kebenaran tersebut dengan jelas berdasarkan Firman Tuhan. Buku ini tidak ditulis untuk menciptakan ketakutan, dan juga tidak dimaksudkan untuk memberikan penghiburan palsu. Buku ini ditulis agar pembaca memiliki kepastian keselamatan yang kuat dan alkitabiah, sambil memahami bahwa iman yang sejati menghasilkan perubahan yang nyata.

Doa saya adalah agar mereka yang masih ragu menemukan kepastian di dalam Kristus, dan agar mereka yang selama ini menganggap ringan kasih karunia dibangunkan untuk berjalan dalam kekudusan dan menghasilkan buah. Di atas semuanya, saya berdoa agar setiap pembaca semakin beristirahat dalam kasih Allah yang tidak berubah.

— *Dr. Danny Hermanus, DIT, Ph.D.*

Daftar Isi

Pendahuluan

Banyak orang hidup dengan ketidakpastian tentang masa depan kekal mereka. Ada yang hanya berharap bahwa mereka sudah diselamatkan. Ada yang takut bahwa mereka belum sungguh-sungguh diselamatkan. Ada juga yang percaya bahwa mereka sudah diselamatkan, tetapi terus hidup tanpa perubahan yang nyata. Buku ini ditulis untuk membawa kejelasan dari Firman Tuhan.

Pesan utama buku ini sederhana dan kuat: **kita dapat mengetahui bahwa kita sudah diselamatkan**. Alkitab tidak membiarkan anak-anak Allah hidup dalam kegelapan. Allah ingin umat-Nya memiliki kepastian. Ia memberikan janji-janji yang jelas, dan Ia memberikan Roh Kudus untuk bersaksi di dalam hati kita.

Pada saat yang sama, buku ini juga membahas kesalahpahaman yang serius. Sebagian orang memperlakukan kasih karunia seolah-olah itu adalah izin untuk terus hidup dalam dosa. Mereka berkata, "Saya sudah diselamatkan, jadi cara hidup saya tidak terlalu penting." Itu bukan kasih karunia menurut Alkitab. Keselamatan sejati tidak membiarkan seseorang tetap sama.

Ketika seseorang sungguh-sungguh menerima Yesus sebagai Tuhan, ia menjadi ciptaan baru, Roh Kudus datang tinggal di dalam dirinya, kuasa dosa dipatahkan, dan kasih karunia mulai memerintah dalam hidupnya. Karena itu, kepastian keselamatan tidak boleh menghasilkan kehidupan yang sembarangan, melainkan kehidupan yang penuh syukur, hormat, ketaatan, dan buah Roh.

Buku ini berjalan melalui kebenaran-kebenaran tersebut langkah demi langkah. Setiap bab dibangun di atas Firman Tuhan dan disertai refleksi pribadi agar pembaca dapat melihat bagaimana kebenaran itu bekerja dalam kehidupan nyata. Di akhir setiap bab terdapat bagian refleksi dan doa, karena kebenaran ini tidak hanya untuk dipahami, tetapi juga untuk dihidupi.

Doa saya adalah agar ketika Anda membaca buku ini, Roh Kudus memberikan kepastian yang mendalam jika Anda sudah menjadi milik Kristus, dan menarik Anda kepada Yesus jika Anda belum sungguh-sungguh menerima Dia. Saya juga berdoa agar mereka yang selama ini menganggap ringan kasih karunia dibangunkan untuk hidup dengan hormat, ketaatan, dan buah yang nyata.

Keselamatan bukan hanya untuk kita. Keselamatan juga untuk orang lain. Kasih yang menyelamatkan kita memanggil kita untuk mengasihi Allah, mengasihi sesama, dan membagikan kabar baik tentang Yesus Kristus.

Kiranya buku ini menolong Anda berdiri teguh di atas kebenaran Firman Tuhan, berjalan dalam kuasa Roh Kudus, dan beristirahat dalam kasih Allah yang tidak berubah di dalam Kristus Yesus.

— Dr. Danny Hermanus, DIT, Ph.D.

Bab Satu

Anda Dapat Mengetahui Bahwa Anda Sudah Diselamatkan

Alkitab menjelaskan bahwa keselamatan bukanlah sekadar dugaan atau perasaan. Orang percaya dapat memiliki kepastian bahwa ia memiliki hidup yang kekal. Kepastian itu berdiri di atas janji Allah, bukan di atas perubahan emosi manusia.

Dalam 1 Yohanes 5:13, Rasul Yohanes menulis kepada orang-orang yang percaya kepada nama Anak Allah supaya mereka tahu bahwa mereka memiliki hidup yang kekal. Jadi, Allah tidak ingin anak-anak-Nya hidup dalam kebingungan. Ia ingin mereka berdiri dengan iman yang teguh.

Roma 10:9 juga menunjukkan dasar keselamatan: orang yang mengaku dengan mulut bahwa Yesus adalah Tuhan dan percaya dalam hati bahwa Allah telah membangkitkan Dia dari antara orang mati akan diselamatkan. Ini adalah janji Allah, bukan kemungkinan yang tidak pasti.

Kepastian keselamatan sangat penting karena tanpa kepastian, seseorang mudah hidup dalam ketakutan, rasa bersalah, dan kebingungan. Ia mungkin terus bertanya, "Apakah saya benar-benar sudah diselamatkan?" Tetapi Firman Tuhan memberi dasar yang kuat. Ketika seseorang dengan sungguh-sungguh percaya kepada Yesus Kristus, mengakui Dia sebagai Tuhan, dan menerima Dia sebagai Juruselamat, Allah memberikan hidup yang kekal.

Yohanes 5:24 menegaskan bahwa orang yang mendengar perkataan Kristus dan percaya kepada Dia yang mengutus Kristus memiliki hidup yang kekal dan sudah berpindah dari maut ke dalam hidup. Ini menunjukkan bahwa keselamatan bukan hanya janji untuk masa depan, tetapi realitas rohani yang sudah dimulai ketika seseorang percaya.

Selain janji Firman Tuhan, Roh Kudus juga memberi kesaksian di dalam hati orang percaya. Roma 8:16 menyatakan bahwa Roh itu bersaksi bersama-sama dengan roh kita bahwa kita adalah anak-anak Allah. Kesaksian batin ini meneguhkan keyakinan bahwa kita bukan lagi milik dosa, dunia, atau diri sendiri, tetapi milik Allah di dalam Kristus.

Kepastian ini bukan kesombongan rohani. Kepastian ini adalah kerendahan hati yang percaya kepada apa yang Allah katakan. Kita tidak berkata, "Saya diselamatkan karena saya kuat." Kita berkata, "Saya diselamatkan karena Yesus telah mati bagi dosa-dosa saya, bangkit dari antara orang mati, dan saya percaya kepada janji-Nya."

Roma 8:1 juga memberi penghiburan yang besar: tidak ada penghukuman bagi mereka yang ada di dalam Kristus Yesus. Ini tidak berarti orang percaya boleh hidup sembarangan. Sebaliknya, karena tidak lagi hidup di bawah penghukuman, orang percaya dapat mengasihi Allah, bertumbuh dalam ketaatan, dan melayani Dia dengan hati yang penuh syukur.

Jadi, dasar kepastian keselamatan adalah Firman Tuhan, karya Kristus, dan kesaksian Roh Kudus. Perasaan dapat berubah, keadaan dapat berubah, tetapi janji Allah tidak berubah. Jika Anda telah sungguh-sungguh menerima Yesus sebagai Tuhan dan Juruselamat, Anda boleh berdiri dengan iman dan berkata, "Saya menjadi milik Kristus."

Refleksi Pribadi

Ketika saya berusia empat belas tahun, saya menerima Yesus sebagai Tuhan dan Juruselamat saya. Pada saat itu, saya memiliki kesaksian di dalam hati bahwa saya sudah diselamatkan. Damai sejahtera datang atas saya, dan saya tahu bahwa sesuatu telah berubah. Itu bukan hanya perasaan sesaat; itu adalah kesaksian Roh Kudus di dalam hati saya.

Sejak saat itu, saya mulai mengerti bahwa keselamatan bukanlah sesuatu yang harus ditebak. Allah memberi janji-Nya, dan Roh Kudus meneguhkan janji itu di dalam hati. Kepastian itu menjadi dasar untuk berjalan bersama Tuhan, bukan dengan rasa takut, tetapi dengan iman, syukur, dan kasih.

Tanggapan dan Doa

Jika Anda membaca bagian ini dan ingin menerima Yesus sebagai Tuhan dan Juruselamat, Anda dapat datang kepada-Nya sekarang juga. Tidak perlu menunggu sampai hidup Anda sempurna. Datanglah dengan iman, percaya kepada karya Yesus di salib, dan terimalah Dia dengan hati yang sungguh-sungguh.

Anda dapat berdoa seperti ini:

> *"Tuhan Yesus, saya percaya bahwa Engkau telah mati untuk dosa-dosa saya dan bangkit dari antara orang mati. Saya mengakui Engkau sebagai Tuhan dan Juruselamat saya. Masuklah ke dalam hidup saya, ampunilah dosa-dosa saya, dan berikanlah kepada saya hidup yang kekal. Terima kasih karena Engkau menyelamatkan saya. Tolong saya untuk mengikuti Engkau mulai hari ini. Amin."*

Jika Anda berdoa dengan sungguh-sungguh, percayalah kepada janji Allah. Terimalah kepastian bahwa keselamatan ada di dalam Kristus. Mulailah berjalan bersama Tuhan, membaca Firman-Nya, berdoa, dan bertumbuh dalam persekutuan dengan orang-orang percaya.

Bab Dua

Ketika Anda Menerima Yesus, Segalanya Mulai Berubah

Pada Bab Satu kita melihat bahwa seseorang dapat mengetahui dengan pasti bahwa ia sudah diselamatkan. Alkitab memberikan janji yang jelas, dan Roh Kudus memberi kesaksian di dalam hati orang percaya. Namun keselamatan sejati tidak berhenti pada saat seseorang mengambil keputusan. Ketika seseorang sungguh-sungguh menerima Yesus sebagai Tuhan, perubahan yang nyata dan terus berlangsung mulai terjadi.

Perubahan ini bukan terutama hasil usaha manusia. Perubahan ini adalah karya Allah di dalam hati. Ketika Yesus masuk ke dalam hidup seseorang, Roh Kudus juga datang untuk tinggal di dalam orang percaya. Sejak saat itu, hidup yang baru dimulai.

Alkitab menggambarkan perubahan ini dengan sangat kuat. Dalam 2 Korintus 5:17, Paulus menegaskan bahwa siapa yang ada di dalam Kristus adalah ciptaan baru; yang lama sudah berlalu dan yang baru sudah datang. Ini bukan hanya bahasa rohani yang indah, tetapi kenyataan rohani yang terjadi ketika seseorang dilahirkan kembali.

Salah satu bukti pertama dari hidup yang baru adalah perubahan keinginan. Sebelum menerima Yesus, hati manusia cenderung tertarik kepada dosa, dunia, dan kehendak diri sendiri. Setelah menerima Yesus, keinginan-keinginan lama mulai kehilangan kuasa, dan muncul kerinduan yang baru untuk mengenal Tuhan, membaca Firman-Nya, berdoa, dan berjalan bersama-Nya.

Perubahan ini tidak selalu terjadi sekaligus. Ada orang yang segera merasakan perubahan besar, sementara yang lain mengalami perubahan secara bertahap. Namun arah hidupnya berubah. Ia mulai tidak nyaman dengan dosa, mulai peka terhadap suara Roh Kudus, dan mulai ingin menyenangkan Tuhan.

Yehezkiel 36:26–27 menunjukkan bahwa Allah memberi hati yang baru dan roh yang baru, lalu menaruh Roh-Nya di dalam umat-Nya agar mereka hidup menurut kehendak-Nya. Dengan kata lain, perubahan Kristen yang sejati dimulai dari dalam, bukan hanya dari perilaku luar.

Paulus juga menjelaskan dalam Filipi 2:13 bahwa Allah bekerja di dalam kita, baik kemauan maupun pekerjaan menurut kerelaan-Nya. Ini berarti Allah bukan hanya memerintahkan kita untuk berubah; Ia sendiri bekerja di dalam hati kita supaya kita mau dan mampu melakukan kehendak-Nya.

Itulah sebabnya kehidupan Kristen bukan sekadar agama yang mengubah aturan luar. Keselamatan sejati mengubah hati. Roh Kudus memberi kehidupan baru, menumbuhkan keinginan baru, memperbarui pikiran, dan membentuk karakter supaya semakin menyerupai Kristus.

Ketika seseorang benar-benar menerima Yesus, segalanya mulai berubah: keinginan, pikiran, sikap, perkataan, kebiasaan, dan arah hidup. Perubahan itu mungkin bertahap, tetapi nyata, karena Roh Kudus sekarang tinggal di dalam orang percaya.

Refleksi Pribadi

Ketika saya menerima Yesus pada usia empat belas tahun, ada sesuatu di dalam diri saya yang berubah. Keinginan saya mulai berubah. Hal-hal yang dahulu sangat menarik mulai kehilangan kuasanya atas hati saya. Sebaliknya, saya mulai ingin mengenal Yesus lebih dalam dan mendengar suara-Nya.

Saya juga mulai menyadari bahwa sikap saya berubah. Saya sebelumnya mudah marah, tetapi sedikit demi sedikit Tuhan melembutkan hati saya. Saya belum menjadi sempurna, tetapi arah hidup saya berubah. Itulah karya Roh Kudus yang bekerja dari dalam ke luar.

Tanggapan dan Doa

Jika Anda telah menerima Yesus, bukalah hati Anda kembali kepada Roh Kudus. Mintalah Dia melanjutkan karya perubahan itu di dalam diri Anda, baik dalam keinginan, pikiran, sikap, perkataan, maupun karakter. Anda dapat berdoa seperti ini:

> *"Tuhan Yesus, terima kasih karena Engkau telah menyelamatkan saya. Roh Kudus, saya menyambut karya-Mu di dalam hidup saya. Ubahlah keinginan saya, pikiran saya, sikap saya, dan karakter saya. Bentuklah saya dari dalam ke luar supaya saya semakin serupa dengan Kristus. Saya berserah kepada karya-Mu setiap hari. Amin."*

Jika Anda berdoa dengan sungguh-sungguh, percayalah bahwa Roh Kudus sedang bekerja di dalam diri Anda. Perubahan mungkin berlangsung secara bertahap, tetapi Allah setia menyelesaikan pekerjaan-Nya.

Bab Tiga

Ciptaan Baru, Natur yang Baru

Pada bab sebelumnya kita telah melihat bahwa ketika seseorang menerima Yesus, perubahan yang nyata mulai terjadi. Keinginan berubah, hati mulai peka terhadap suara Tuhan, dan sikap mulai dibentuk oleh Roh Kudus. Namun Alkitab membawa kita lebih dalam lagi: orang yang ada di dalam Kristus bukan hanya diperbaiki, tetapi menjadi ciptaan baru.

Dalam 2 Korintus 5:17, Paulus menyatakan bahwa siapa yang ada di dalam Kristus adalah ciptaan baru; yang lama sudah berlalu dan yang baru sudah datang. Pernyataan ini menunjukkan bahwa keselamatan bukan hanya pengampunan dosa, tetapi juga permulaan identitas yang baru di hadapan Allah.

Identitas lama tidak lagi menjadi penguasa atas orang percaya. Dosa, masa lalu, rasa bersalah, dan kegagalan tidak lagi memiliki hak terakhir untuk mendefinisikan siapa kita. Di dalam Kristus, Allah memberi hidup yang baru, hati yang baru, dan arah yang baru.

Galatia 2:20 menjelaskan bahwa hidup lama telah disalibkan bersama Kristus, dan sekarang Kristus hidup di dalam orang percaya. Artinya, kehidupan Kristen tidak dijalani hanya dengan kekuatan manusia, tetapi dengan iman kepada Anak Allah yang mengasihi kita dan menyerahkan diri-Nya bagi kita.

Galatia 5:24 juga menegaskan bahwa mereka yang menjadi milik Kristus telah menyalibkan daging dengan segala hawa nafsu dan keinginannya. Ini berarti natur lama tidak lagi berhak memerintah hidup kita. Kita memang masih dapat mengalami pencobaan, tetapi kita tidak lagi harus hidup sebagai budak dari keinginan lama.

Roma 6:11 mengajarkan agar orang percaya memandang dirinya telah mati bagi dosa, tetapi hidup bagi Allah dalam Kristus Yesus. Ini bukan sekadar pikiran positif; ini adalah cara kita menyetujui kebenaran yang telah Allah kerjakan di dalam Kristus.

Banyak orang percaya masih bergumul karena mereka terus mendefinisikan diri berdasarkan masa lalu. Mereka berkata, "Saya memang seperti ini," atau "Saya tidak pernah bisa berubah." Tetapi Injil berkata bahwa di dalam Kristus, yang lama sudah berlalu. Kita dipanggil untuk belajar hidup sesuai dengan natur baru yang telah diberikan Allah. Natur baru ini bukan hasil usaha untuk menjadi lebih baik secara lahiriah. Natur baru adalah hidup Kristus yang bekerja di dalam kita oleh Roh Kudus. Karena itu, pertumbuhan rohani yang sejati selalu dimulai dari identitas baru: kita adalah milik Kristus, ciptaan baru, dan anak-anak Allah.

Ketika kita mengerti kebenaran ini, kita tidak lagi berjalan dengan putus asa. Kita mulai berkata, "Saya tidak harus hidup dikuasai masa lalu. Saya bukan lagi manusia lama yang sama. Di dalam Kristus, saya telah menerima hidup yang baru." Dari keyakinan inilah perubahan praktis mulai bertumbuh.

Refleksi Pribadi

Ketika saya menerima Yesus pada usia empat belas tahun, saya menyadari bahwa saya tidak lagi sama. Perubahan itu bukan hanya usaha untuk menjadi anak yang lebih baik. Ada kehidupan baru di dalam saya. Saya mulai memiliki kerinduan untuk memberitakan Injil, bahkan kepada saudara kembar saya, Davy. Saya ingin dia juga mengenal Yesus dan diselamatkan.

Melihat kembali perjalanan itu, saya memahami bahwa 2 Korintus 5:17 bukan hanya ayat untuk dihafalkan, tetapi kebenaran yang saya alami. Yang lama mulai kehilangan kuasanya, dan kehidupan baru mulai bertumbuh. Saya masih harus belajar dan bertumbuh, tetapi arah hidup saya sudah berubah karena Kristus hidup di dalam saya.

Tanggapan dan Doa

Apakah Anda masih melihat diri Anda berdasarkan masa lalu, kegagalan, atau kelemahan lama? Jika Anda telah menerima Yesus, mulailah melihat diri Anda sebagaimana Allah melihat Anda: ciptaan baru di dalam Kristus.

Anda dapat berdoa seperti ini:

> *"Tuhan Yesus, terima kasih karena di dalam Engkau saya menjadi ciptaan baru. Tolong saya berhenti hidup berdasarkan identitas lama. Roh Kudus, ajarlah saya untuk hidup dari natur baru yang telah Engkau berikan. Perbarui cara saya berpikir, cara saya merespons, dan cara saya berjalan setiap hari. Saya percaya bahwa yang lama sudah berlalu dan yang baru sudah datang. Amin."*

Jika Anda berdoa dengan sungguh-sungguh, berdirilah di atas kebenaran Firman Tuhan. Di dalam Kristus, Anda bukan lagi didefinisikan oleh masa lalu. Anda adalah ciptaan baru yang sedang belajar hidup dalam natur yang baru.

Bab Empat

Roh Kudus di Dalam Anda

Pada bab-bab sebelumnya kita telah melihat beberapa kebenaran penting. Pertama, orang percaya dapat mengetahui dengan pasti bahwa ia sudah diselamatkan. Kedua, ketika seseorang sungguh-sungguh menerima Yesus, ia menjadi ciptaan baru dengan natur yang baru. Sekarang kita melihat kebenaran dasar berikutnya: ketika kita menerima Yesus, Roh Kudus datang untuk tinggal di dalam kita.

Roh Kudus bukan hanya kuasa dari jauh, dan bukan hanya pengalaman emosional sesaat. Ia adalah Pribadi Allah yang hadir di dalam orang percaya. Yesus menjanjikan Roh Kebenaran yang akan menyertai murid-murid-Nya dan diam di dalam mereka. Karena itu, kehidupan Kristen tidak dijalani sendirian; Allah sendiri tinggal di dalam umat-Nya melalui Roh Kudus.

Roma 8:9 mengajarkan bahwa orang yang tidak memiliki Roh Kristus bukanlah milik Kristus. Ini berarti setiap orang yang sungguh-sungguh menjadi milik Yesus memiliki Roh Kudus. Roh Kudus bukan tambahan bagi sebagian orang percaya saja; Ia adalah meterai dan jaminan bagi mereka yang telah percaya kepada Kristus.

Efesus 1:13–14 menjelaskan bahwa setelah mendengar firman kebenaran dan percaya kepada Injil keselamatan, orang percaya dimeteraikan dengan Roh Kudus yang dijanjikan. Meterai ini menunjukkan kepemilikan, perlindungan, dan jaminan warisan yang akan digenapi sepenuhnya pada waktunya.

Roh Kudus bekerja dalam banyak cara. Ia memberi kesaksian bahwa kita adalah anak-anak Allah. Ia menuntun kita ke dalam kebenaran. Ia menginsafkan kita ketika kita berdosa. Ia menolong kita berdoa. Ia menguatkan kita untuk hidup dalam natur yang baru. Ia juga menghasilkan karakter Kristus di dalam kita dari waktu ke waktu.

Karena Roh Kudus tinggal di dalam kita, tubuh dan hidup kita bukan lagi milik kita sendiri. 1 Korintus 6:19 mengingatkan bahwa tubuh orang percaya adalah bait Roh Kudus. Kebenaran ini memanggil kita untuk hidup dengan hormat, menjaga kekudusan, dan menyerahkan seluruh hidup kepada Allah.

Roh Kudus juga memberi kemampuan untuk melawan keinginan daging. Galatia 5:16 mengajar orang percaya untuk hidup oleh Roh supaya tidak menuruti keinginan daging. Ini berarti kemenangan rohani tidak diperoleh hanya dengan kemauan manusia, tetapi dengan berjalan dalam ketergantungan kepada Roh Kudus setiap hari.

Inilah sebabnya perubahan yang sejati mungkin terjadi. Kita tidak ditinggalkan untuk menjalani kehidupan Kristen dengan kekuatan sendiri. Roh Kudus tinggal di dalam kita, menegur, menuntun, menghibur, menguatkan, dan membentuk kita supaya semakin serupa dengan Kristus.

Refleksi Pribadi

Ketika saya menerima Yesus pada usia empat belas tahun, saya merasakan bahwa Roh Kudus datang tinggal di dalam saya. Itu bukan hanya perasaan damai, tetapi kesadaran bahwa Allah hadir secara pribadi dalam hidup saya. Saya mulai peka terhadap suara-Nya, arahan-Nya, dan koreksi-Nya.

Sejak saat itu, saya belajar bahwa berjalan dengan Tuhan berarti berjalan bersama Roh Kudus setiap hari. Ia menolong saya ketika saya lemah, mengingatkan saya ketika saya salah, dan memberi kekuatan untuk terus bertumbuh. Kehadiran Roh Kudus menjadi bukti bahwa saya bukan berjalan sendiri.

Tanggapan dan Doa

Jika Anda telah menerima Yesus, sadarilah bahwa Roh Kudus tinggal di dalam Anda. Sambutlah kehadiran-Nya setiap hari. Belajarlah mendengarkan suara-Nya melalui Firman Tuhan, doa, dan ketaatan.

Anda dapat berdoa seperti ini:

> *"Tuhan Yesus, terima kasih karena ketika saya menerima Engkau, saya juga menerima Roh Kudus. Roh Kudus, saya menyambut kehadiran-Mu dalam hidup saya. Tuntunlah saya dalam kebenaran, tegurlah saya ketika saya salah, kuatkanlah saya dalam kelemahan, dan bentuklah saya supaya semakin serupa dengan Kristus. Amin."*

Jika Anda berdoa dengan sungguh-sungguh, percayalah bahwa Roh Kudus sedang bekerja di dalam diri Anda. Belajarlah berjalan bersama-Nya setiap hari, karena Dialah yang menolong Anda hidup sebagai milik Kristus.

Bab Lima

Dosa Tidak Lagi Berkuasa

Pada bab-bab sebelumnya kita telah melihat bahwa ketika seseorang sungguh-sungguh menerima Yesus, ia dapat memiliki kepastian keselamatan, menjadi ciptaan baru, menerima natur yang baru, dan Roh Kudus datang tinggal di dalam dirinya. Sekarang kita melihat kebenaran berikutnya yang sangat penting: dosa tidak lagi memiliki hak untuk memerintah hidup orang percaya.

Hal ini tidak berarti bahwa orang Kristen tidak akan pernah jatuh ke dalam dosa. Alkitab tidak mengajarkan kesempurnaan instan. Namun Alkitab mengajarkan bahwa kuasa dosa telah dipatahkan. Dosa bukan lagi tuan yang harus ditaati.

Roma 6:6–7 menjelaskan bahwa manusia lama kita telah turut disalibkan bersama Kristus, supaya tubuh dosa hilang kuasanya dan kita tidak lagi menghambakan diri kepada dosa. Ini berarti di dalam Kristus terjadi perubahan kepemilikan dan perubahan kuasa. Kita tidak lagi berada di bawah dominasi dosa seperti sebelumnya.

Roma 6:14 menegaskan bahwa dosa tidak akan berkuasa lagi atas kita, karena kita tidak berada di bawah hukum Taurat, tetapi di bawah kasih karunia. Kasih karunia bukan izin untuk terus berdosa; kasih karunia adalah kuasa Allah yang membawa kita keluar dari pemerintahan dosa.

Karena itu, orang percaya dipanggil untuk menghitung dirinya telah mati bagi dosa, tetapi hidup bagi Allah dalam Kristus Yesus. Kita tidak boleh membiarkan dosa memerintah tubuh kita sehingga kita menuruti keinginannya. Kebenaran ini bukan hanya teori, tetapi dasar untuk melawan pencobaan setiap hari.

Ketika orang percaya jatuh, jalan kembali kepada Allah tetap terbuka melalui pertobatan dan pengakuan dosa. 1 Yohanes 1:9 mengajarkan bahwa jika kita mengaku dosa kita, Allah setia dan adil untuk mengampuni serta menyucikan kita dari segala kejahatan. Roh Kudus menegur bukan untuk menghancurkan kita, melainkan untuk membawa kita kembali kepada persekutuan dengan Bapa.

Perbedaan antara orang percaya dan orang yang masih dikuasai dosa bukanlah bahwa orang percaya tidak pernah gagal. Perbedaannya adalah orang percaya tidak lagi dapat hidup nyaman di dalam dosa sebagai gaya hidup yang terus-menerus. Benih Allah ada di dalam dirinya, Roh Kudus tinggal di dalamnya, dan natur baru mendorongnya untuk kembali kepada Tuhan.

Galatia 5:16 memberi jalan praktis: hiduplah oleh Roh, maka kita tidak akan menuruti keinginan daging. Kemenangan atas dosa bukan hasil kekuatan manusia semata, tetapi hasil berjalan dalam ketergantungan kepada Roh Kudus. Semakin kita menyerahkan diri kepada Roh, semakin kita belajar hidup dalam kebebasan yang Kristus berikan.

Jadi, jangan berkata, "Saya memang tidak bisa berubah." Di dalam Kristus, kuasa dosa telah dipatahkan. Anda mungkin masih perlu bertumbuh, berjuang, dan belajar berjalan dalam kemenangan, tetapi dosa tidak lagi memiliki hak untuk menjadi tuan atas hidup Anda.

Refleksi Pribadi

Ketika saya menerima Yesus pada usia empat belas tahun, perubahan dalam keinginan dan pikiran saya tidak terjadi sekaligus dalam semua bidang. Itu adalah proses. Namun saya mulai menyadari bahwa hal-hal lama tidak lagi memiliki kuasa yang sama dalam hidup saya. Saya mulai mencintai Firman Tuhan, ingin berdoa, ingin pergi ke gereja, dan ingin terlibat dalam pelayanan.

Saya masih pernah berbuat salah, tetapi saya tidak lagi dapat tinggal nyaman dalam dosa. Roh Kudus menegur saya dan menarik saya kembali kepada Tuhan. Dari pengalaman itu saya belajar bahwa Roma 6:14

benar: dosa tidak lagi berkuasa atas orang yang hidup di bawah kasih karunia.

Tanggapan dan Doa

Apakah ada dosa atau kebiasaan lama yang masih terasa mengikat hidup Anda? Jangan menyerah kepada kebohongan bahwa Anda tidak mungkin berubah. Jika Anda ada di dalam Kristus, kuasa dosa telah dipatahkan, dan Roh Kudus tinggal di dalam Anda untuk menolong Anda berjalan dalam kemenangan.

Anda dapat berdoa seperti ini:

> *"Tuhan Yesus, terima kasih karena melalui salib-Mu kuasa dosa telah dipatahkan. Saya percaya bahwa dosa tidak lagi berhak memerintah hidup saya. Roh Kudus, kuatkan saya ketika saya dicobai, tegur saya ketika saya salah, dan tuntun saya kembali kepada Bapa. Ajarlah saya hidup di bawah kasih karunia dan berjalan dalam kemenangan setiap hari. Amin."*

Jika Anda berdoa dengan sungguh-sungguh, mulailah berdiri di atas kebenaran ini: di dalam Kristus, dosa bukan lagi tuan Anda. Anda telah dipanggil untuk hidup dalam kebebasan, ketaatan, dan kuasa Roh Kudus.

Bab Enam

Kasih Karunia Mengajar Kita Hidup Benar

Pada bab sebelumnya kita melihat bahwa dosa tidak lagi berkuasa atas orang percaya. Kuasa dosa telah dipatahkan melalui karya Kristus, dan Roh Kudus menolong kita berjalan dalam kemenangan. Sekarang kita perlu memahami dengan benar apa itu kasih karunia.

Banyak orang memahami kasih karunia hanya sebagai pengampunan dosa. Memang benar bahwa kita diselamatkan oleh kasih karunia, bukan oleh usaha manusia. Namun Alkitab menunjukkan bahwa kasih karunia bukan hanya mengampuni; kasih karunia juga mengajar, memimpin, dan mengubah hidup orang percaya.

Titus 2:11–12 menjelaskan bahwa kasih karunia Allah yang menyelamatkan juga mendidik kita supaya meninggalkan kefasikan dan keinginan duniawi, lalu hidup bijaksana, adil, dan beribadah di dalam dunia sekarang ini. Jadi, kasih karunia sejati tidak membuat seseorang menjadi sembarangan, tetapi membentuknya menjadi semakin serupa dengan Kristus.

Roma 5:21 mengajarkan bahwa sebagaimana dosa pernah berkuasa dalam maut, demikian juga kasih karunia sekarang berkuasa melalui kebenaran menuju hidup yang kekal oleh Yesus Kristus. Ini berarti kasih karunia bukan hanya hadiah yang kita terima, tetapi pemerintahan Allah yang baru dalam hidup kita.

Karena itu, orang percaya tidak boleh berkata, “Saya sudah menerima kasih karunia, jadi saya bebas hidup sesuka hati.” Roma 6:1–2 menolak pikiran seperti itu dengan tegas. Kita yang telah mati bagi dosa tidak seharusnya terus hidup di dalamnya. Kasih karunia membawa kita keluar dari perbudakan dosa dan masuk ke dalam ketaatan kepada Allah.

Galatia 5:13 juga mengingatkan bahwa kebebasan di dalam Kristus tidak boleh dipakai sebagai kesempatan untuk hidup dalam daging. Kebebasan Kristen adalah kebebasan untuk mengasihi, melayani, dan hidup dalam pimpinan Roh Kudus, bukan kebebasan untuk kembali menjadi budak dosa.

Kasih karunia yang sejati selalu menghasilkan buah. Ia mengajar kita berkata tidak kepada dosa dan berkata ya kepada kehendak Allah. Ia bukan hanya menutupi kesalahan kita, tetapi juga membentuk hati kita supaya mengasihi kebenaran dan membenci dosa.

Ketika kita hidup di bawah kasih karunia, kita tidak lagi berusaha menaati Allah untuk mendapatkan keselamatan. Sebaliknya, kita menaati Allah karena kita sudah diselamatkan. Ketaatan menjadi respons syukur, bukan usaha membeli kasih Allah.

Inilah perbedaan besar antara legalisme dan kasih karunia. Legalisme berkata, "Saya harus taat supaya Allah menerima saya." Kasih karunia berkata, "Allah telah menerima saya di dalam Kristus, karena itu saya ingin hidup menyenangkan Dia."

Refleksi Pribadi

Dalam perjalanan iman saya, saya melihat bahwa kasih karunia Allah tidak hanya menyelamatkan saya dari hukuman dosa, tetapi juga mengubah arah hidup saya. Saya tidak menjadi sempurna dalam satu hari, tetapi kasih karunia terus mengajar saya, menegur saya, menguatkan saya, dan membawa saya kembali kepada Tuhan ketika saya lemah.

Saya dapat berkata bahwa saya ada sebagaimana saya sekarang hanya karena kasih karunia Allah. Kasih karunia tidak membiarkan saya tetap sama. Ia mengangkat saya, membentuk saya, dan terus mengajar saya untuk hidup benar di hadapan Tuhan.

Tanggapan dan Doa

Apakah Anda selama ini hanya memahami kasih karunia sebagai pengampunan, atau sudahkah Anda membiarkan kasih karunia mengajar dan memerintah hidup Anda? Bukalah hati kepada Tuhan dan izinkan kasih karunia-Nya membentuk Anda menjadi pribadi yang hidup dalam kebenaran.

Anda dapat berdoa seperti ini:

> *"Tuhan Yesus, terima kasih untuk kasih karunia-Mu yang menyelamatkan saya. Saya tidak ingin memperlakukan kasih karunia dengan ringan. Roh Kudus, ajarlah saya untuk berkata tidak kepada dosa dan ya kepada kebenaran. Biarlah kasih karunia-Mu memerintah dalam hidup saya dan membentuk saya semakin serupa dengan Kristus. Amin."*

Jika Anda berdoa dengan sungguh-sungguh, percayalah bahwa kasih karunia Allah sedang bekerja di dalam hidup Anda. Kasih karunia bukan hanya menyelamatkan; kasih karunia juga mengajar kita hidup benar.

Bab Tujuh

Kerjakan Keselamatanmu

Pada bab-bab sebelumnya kita telah melihat dasar-dasar yang kuat tentang keselamatan: kita dapat mengetahui bahwa kita sudah diselamatkan, kita menjadi ciptaan baru, Roh Kudus tinggal di dalam kita, dosa tidak lagi berkuasa, dan kasih karunia mengajar kita hidup benar. Namun Alkitab tidak berhenti pada pengetahuan itu saja. Firman Tuhan memanggil setiap orang percaya untuk merespons keselamatan dengan kesungguhan, ketaatan, dan kehidupan yang nyata.

Filipi 2:12–13 mengajarkan agar orang percaya mengerjakan keselamatan dengan takut dan gentar, karena Allah sendiri yang bekerja di dalam kita, baik kemauan maupun pekerjaan menurut kerelaan-Nya. Ini tidak berarti kita bekerja untuk memperoleh keselamatan. Keselamatan diterima oleh kasih karunia melalui iman. Tetapi setelah Allah mengerjakan keselamatan di dalam kita, kita dipanggil untuk mengerjakannya keluar dalam kehidupan sehari-hari.

Dengan kata lain, kita tidak bekerja supaya diselamatkan; kita bekerja karena kita sudah diselamatkan. Kehidupan orang percaya harus menjadi respons terhadap karya Allah yang sudah dimulai di dalam hati. Jika Roh Kudus tinggal di dalam kita, maka hidup kita seharusnya menunjukkan kesungguhan untuk mengikuti pimpinan-Nya.

Seruan untuk mengerjakan keselamatan bukanlah panggilan kepada ketakutan yang menghancurkan, melainkan kepada rasa hormat yang kudus. Keselamatan adalah anugerah yang sangat berharga. Darah Kristus telah dicurahkan untuk menebus kita. Karena itu, kita tidak boleh memperlakukannya dengan ringan atau hidup seolah-olah keselamatan tidak mengubah apa pun.

2 Petrus 1:10 juga menasihati orang percaya untuk sungguh-sungguh berusaha meneguhkan panggilan dan pilihan mereka. Ini berarti hidup orang percaya harus bertumbuh dalam iman, kebajikan, pengetahuan, penguasaan diri, ketekunan, kesalehan, kasih persaudaraan, dan kasih. Pertumbuhan rohani menjadi bukti bahwa karya Allah benar-benar sedang berlangsung di dalam hidup kita.

Ibrani 12:14 mengingatkan kita untuk mengejar kekudusan. Kekudusan bukan cara untuk membeli keselamatan, tetapi buah dari keselamatan yang sejati. Orang yang telah menjadi milik Allah tidak dapat terus hidup seolah-olah ia masih menjadi milik dunia. Roh Kudus menanamkan kerinduan untuk hidup menyenangkan Tuhan.

Karena itu, orang percaya tidak boleh pasif. Kita dipanggil untuk bekerja sama dengan karya Roh Kudus. Ketika Ia menegur, kita bertobat. Ketika Ia menuntun, kita taat. Ketika Ia menunjukkan dosa, kita mengakuinya. Ketika Ia mendorong kita untuk bertumbuh, kita mengikuti-Nya. Inilah arti mengerjakan keselamatan dalam kehidupan nyata.

Orang yang sungguh-sungguh memahami kasih karunia tidak akan berkata, "Saya bebas melakukan apa saja." Sebaliknya, ia berkata, "Karena Allah telah menyelamatkan saya, saya ingin menghormati Dia dengan seluruh hidup saya." Kepastian keselamatan seharusnya menghasilkan ketaatan yang penuh syukur, bukan kelalaian rohani.

Jadi, kerjakanlah keselamatan Anda. Berdirilah di atas janji Allah, tetapi jangan hidup sembarangan. Percayalah kepada kasih karunia, tetapi jangan mempermainkannya. Beristirahatlah dalam kasih Kristus, tetapi tetap berjalan dalam ketaatan, kekudusan, dan ketergantungan kepada Roh Kudus.

Refleksi Pribadi

Ketika saya menerima Yesus pada usia empat belas tahun, saya juga mulai memiliki rasa takut akan Tuhan yang sehat. Saya tidak ingin mendukakan hati-Nya. Ketika saya berbuat salah, Roh Kudus menegur hati saya dan mengingatkan saya untuk kembali kepada Allah.

Saya belajar bahwa sekalipun kuasa dosa telah dipatahkan, saya tetap harus merespons. Saya tidak boleh pasif. Ketika jatuh, saya harus bangkit, mengaku dosa, dan terus berjalan bersama Tuhan. Semakin saya memperlakukan hubungan saya dengan Allah secara serius, semakin saya melihat Roh Kudus menguatkan saya untuk hidup berbeda.

Tanggapan dan Doa

Apakah Anda selama ini hidup pasif dalam iman? Apakah Anda mengetahui kebenaran tentang keselamatan, tetapi belum sungguh-sungguh menanggapinya dengan ketaatan? Hari ini adalah waktu untuk kembali menyerahkan seluruh hidup kepada Tuhan.

Anda dapat berdoa seperti ini:

> *"Tuhan Yesus, terima kasih untuk keselamatan yang telah Engkau berikan. Saya tidak ingin memperlakukannya dengan ringan. Roh Kudus, tolong saya mengerjakan keselamatan saya dengan takut dan gentar. Tegurlah saya ketika saya salah, kuatkan saya ketika saya lemah, dan tuntun saya untuk hidup dalam ketaatan dan kekudusan. Saya mau bekerja sama dengan karya-Mu di dalam hidup saya. Amin."*

Jika Anda berdoa dengan sungguh-sungguh, mulailah berjalan dengan lebih serius bersama Tuhan. Roh Kudus yang bekerja di dalam Anda juga akan menolong Anda menjalani keselamatan itu dalam kehidupan sehari-hari.

Bab Delapan

Dapatkah Kita Kehilangan Keselamatan?

Sepanjang buku ini, kita telah melihat bahwa Alkitab memberikan kepastian yang kuat kepada orang yang sungguh-sungguh ada di dalam Kristus. Kita dapat mengetahui bahwa kita sudah diselamatkan, menjadi ciptaan baru, menerima Roh Kudus, dibebaskan dari kuasa dosa, dan hidup di bawah kasih karunia. Namun Alkitab yang sama juga memberikan peringatan-peringatan yang serius. Peringatan itu tidak boleh diabaikan.

Sebagian orang menekankan keamanan keselamatan sampai-sampai mereka mengabaikan panggilan untuk tetap tinggal di dalam Kristus. Sebaliknya, ada juga yang hidup dalam ketakutan seolah-olah satu kegagalan langsung membatalkan keselamatan mereka. Kedua ekstrem ini tidak mencerminkan keseimbangan Firman Tuhan.

Keselamatan adalah anugerah yang nyata dan kokoh bagi orang yang percaya dan tetap tinggal di dalam Kristus. Tetapi Firman Tuhan juga memperingatkan tentang bahaya hati yang mengeras, ketidakpercayaan yang disengaja, dan keputusan untuk menjauh dari Allah setelah mengenal kebenaran.

Contoh dari Bangsa Israel

Surat Ibrani memakai pengalaman bangsa Israel sebagai peringatan. Mereka telah melihat kuasa Allah, menerima pembebasan dari Mesir, dan berjalan di bawah pimpinan Allah. Namun banyak dari mereka tidak masuk ke dalam perhentian Allah karena ketidakpercayaan dan ketidaktaatan.

Ibrani 3:12–14 memperingatkan agar tidak ada hati yang jahat dan tidak percaya yang menjauh dari Allah yang hidup. Peringatan itu juga menasihati orang percaya untuk saling menasihati setiap hari supaya tidak ada yang dikeraskan oleh tipu daya dosa. Ini menunjukkan bahwa ketekunan dalam iman bukan hal kecil; kita dipanggil untuk tetap setia sampai akhir.

Ibrani 6:4–6 dan Ibrani 10:26–31 juga berbicara dengan sangat serius tentang orang-orang yang telah mengalami terang kebenaran, namun kemudian berbalik dengan sengaja dan keras hati. Bagian-bagian ini tidak ditulis untuk menakut-nakuti orang percaya yang lemah dan bertobat, tetapi untuk memperingatkan siapa pun agar tidak mempermainkan kasih karunia dan menginjak-injak karya Kristus.

Tinggal di Dalam Kristus

Yesus sendiri menekankan pentingnya tinggal di dalam Dia. Dalam Yohanes 15, Yesus menggambarkan diri-Nya sebagai pokok anggur dan murid-murid-Nya sebagai ranting-ranting. Ranting yang tinggal pada pokok akan berbuah, tetapi ranting yang tidak tinggal akan menjadi kering. Gambaran ini menunjukkan bahwa iman sejati adalah hubungan yang terus-menerus dengan Kristus.

Tinggal di dalam Kristus berarti terus percaya kepada-Nya, mendengarkan Firman-Nya, menaati pimpinan-Nya, dan bergantung kepada kasih karunia-Nya. Kepastian keselamatan bukan alasan untuk menjauh, tetapi dasar untuk semakin dekat kepada Tuhan.

Keseimbangan Pastoral

Peringatan-peringatan Alkitab tidak berarti setiap orang percaya yang jatuh ke dalam dosa langsung kehilangan keselamatan. Firman Tuhan juga mengajarkan bahwa jika kita mengaku dosa, Allah setia dan adil untuk mengampuni serta menyucikan kita. Galatia 6:1 juga mengajarkan pemulihan bagi orang yang jatuh. Allah penuh kemurahan kepada orang yang bertobat dan kembali kepada-Nya.

Namun, kita tidak boleh memakai kemurahan Allah sebagai alasan untuk hidup ceroboh. Ada perbedaan antara orang percaya yang jatuh tetapi bertobat, dan orang yang sengaja mengeraskan hati serta meninggalkan Kristus. Keselamatan terlalu mahal untuk dipermainkan.

Karena itu, jawaban yang sehat adalah hidup dalam kepastian sekaligus kewaspadaan rohani. Orang percaya boleh beristirahat dalam kasih Allah, tetapi juga harus menjaga hati, tetap tinggal dalam Kristus, dan tidak menganggap ringan pekerjaan Roh Kudus.

Refleksi Pribadi

Saya tidak berani mempermainkan keselamatan. Saya percaya bahwa Allah setia menjaga orang yang sungguh-sungguh menjadi milik-Nya, tetapi saya juga percaya bahwa Firman Tuhan memberi peringatan agar kita tidak menjadi ceroboh atau keras hati.

Saya pernah mengalami mimpi yang membuat saya sangat sadar akan bahaya bermain-main di tepi. Dalam mimpi itu, ada orang-orang yang bersiap naik ke sebuah kapal, tetapi seseorang bermain-main dekat tepi air. Lalu ada sosok gelap yang mendorong orang itu jatuh ke laut dan ia hilang. Bagi saya, mimpi itu menjadi peringatan: jangan bermain-main di tepi. Tetaplah dekat dengan suara Tuhan.

Tanggapan dan Doa

Apakah Anda telah menganggap ringan hubungan Anda dengan Kristus? Apakah Anda mulai menjauh, mengabaikan teguran Roh Kudus, atau hidup terlalu dekat dengan dosa? Jika Roh Kudus sedang berbicara kepada Anda, kembalilah kepada Tuhan hari ini dengan hati yang rendah.

Anda dapat berdoa seperti ini:

> *"Tuhan Yesus, terima kasih untuk keselamatan yang telah Engkau berikan. Saya tidak ingin memperlakukannya dengan ringan. Jagalah hati saya dari ketidakpercayaan, kekerasan hati, dan tipu daya dosa. Tolong saya untuk tetap tinggal di dalam Engkau, mendengar suara-Mu, dan hidup dalam ketaatan. Jika saya mulai menjauh, tariklah saya kembali kepada-Mu. Amin."*

Jika Anda telah menjauh, kembalilah hari ini. Pintu kemurahan masih terbuka bagi orang yang datang kepada Kristus dengan pertobatan dan iman.

Bab Sembilan

Buah yang Membuktikan Keselamatan Itu Nyata

Kita telah berjalan melalui dasar-dasar penting tentang keselamatan: kita dapat mengetahui bahwa kita sudah diselamatkan, ketika menerima Yesus hidup mulai berubah, kita menjadi ciptaan baru, Roh Kudus tinggal di dalam kita, dosa tidak lagi berkuasa, kasih karunia mengajar kita hidup benar, dan kita dipanggil untuk mengerjakan keselamatan dengan hormat dan kesungguhan.

Sekarang kita sampai pada bukti yang terlihat: buah dari kehidupan yang telah diubahkan. Keselamatan sejati tidak hanya terjadi di dalam hati, tetapi juga menghasilkan perubahan yang dapat dilihat dari waktu ke waktu.

Yesus mengajarkan bahwa pohon dikenal dari buahnya. Dalam Matius 7:16–17, Ia menunjukkan bahwa buah yang baik berasal dari pohon yang baik. Demikian juga, kehidupan yang benar-benar telah disentuh oleh Kristus akan menghasilkan buah yang sesuai dengan kehidupan baru itu.

Buah itu bukan hasil usaha manusia semata. Buah itu lahir dari karya Roh Kudus. Galatia 5:22–23 menyebutkan buah Roh: kasih, sukacita, damai sejahtera, kesabaran, kemurahan, kebaikan, kesetiaan, kelemahlembutan, dan penguasaan diri. Buah ini mungkin bertumbuh secara bertahap, tetapi jika Roh Kudus tinggal di dalam seseorang, pertumbuhan itu akan mulai terlihat.

Buah pertama yang sangat penting adalah kasih kepada Allah. Yesus mengajarkan bahwa perintah yang terutama adalah mengasihi Tuhan dengan segenap hati, jiwa, dan akal budi. Orang yang sungguh-sungguh telah diselamatkan mulai memiliki kerinduan untuk mengenal Tuhan, menyenangkan Dia, dan hidup bagi kemuliaan-Nya.

Kasih kepada Allah juga terlihat dalam ketaatan. Yesus berkata dalam Yohanes 14:15 bahwa jika kita mengasihi Dia, kita akan menuruti perintah-perintah-Nya. Ketaatan bukan cara untuk membeli kasih Allah, tetapi buah dari hati yang telah disentuh oleh kasih Allah.

Buah keselamatan juga terlihat dalam kasih kepada sesama. Orang yang telah menerima kemurahan Allah dipanggil untuk menunjukkan kemurahan kepada orang lain. Ia mulai belajar mengampuni, melayani, memperhatikan, dan membawa damai. Kasih Allah yang telah diterima tidak berhenti di dalam diri sendiri, tetapi mengalir kepada orang lain.

Buah keselamatan juga membawa kita kepada misi. Keselamatan bukan hanya untuk kita. Yesus memerintahkan murid-murid-Nya untuk memberitakan Injil dan menjadikan semua bangsa murid-Nya. Karena itu, orang yang telah mengalami keselamatan akan memiliki kerinduan agar orang lain juga mengenal Yesus dan menerima hidup yang kekal.

Di akhir buku ini, kita perlu memegang dua kebenaran bersama-sama. Pertama, kita harus hidup serius di hadapan Allah, menghasilkan buah, mengejar kekudusan, dan tetap tinggal di dalam Kristus. Kedua, kita harus beristirahat dalam kasih Allah yang tidak berubah. Roma 8:38–39 menegaskan bahwa tidak ada sesuatu pun yang dapat memisahkan kita dari kasih Allah yang ada dalam Kristus Yesus Tuhan kita.

Jadi, jangan tetap sama. Biarlah Roh Kudus melanjutkan karya-Nya sampai buah keselamatan yang sejati terlihat jelas dalam hidup Anda. Kasihilah Allah, kasihilah sesama, bagikan Injil, dan beristirahatlah setiap hari dalam kasih Allah yang tidak tergoyahkan.

Refleksi Pribadi

Seiring berjalannya waktu, buah dari karya Tuhan dalam hidup saya mulai terlihat. Orang-orang dapat melihat bahwa saya berubah. Teman-teman lama melihat bahwa sikap saya berbeda, bahwa saya mulai lebih lembut, dan bahwa saya memiliki kerinduan untuk pergi ke gereja serta terlibat dalam pelayanan.

Saya tahu perubahan itu bukan karena kekuatan saya sendiri. Itu adalah hidup Kristus di dalam saya yang menghasilkan buah. Melalui kegagalan, koreksi, pertumbuhan, dan kemenangan, satu kebenaran tetap kuat: saya dipegang oleh kasih Allah. Kasih-Nya menyelamatkan, menjaga, dan terus mengubahkan saya.

Tanggapan dan Doa

Apakah buah keselamatan sedang bertumbuh dalam hidup Anda? Apakah kasih, ketaatan, penguasaan diri, dan kerinduan untuk membagikan Injil mulai terlihat? Jika Roh Kudus sedang menunjukkan area yang perlu bertumbuh, serahkanlah kepada-Nya hari ini.

Anda dapat berdoa seperti ini:

> *"Tuhan Yesus, terima kasih karena Engkau telah menyelamatkan saya dan menjadikan saya milik-Mu. Roh Kudus, lanjutkanlah karya-Mu di dalam hidup saya. Hasilkanlah buah Roh dalam diri saya. Ajarlah saya mengasihi Allah, mengasihi sesama, hidup dalam ketaatan, dan membagikan Injil dengan keberanian. Bapa, saya beristirahat dalam kasih-Mu yang tidak berubah. Biarlah hidup saya memuliakan Engkau. Amin."*

Jika Anda berdoa dengan sungguh-sungguh, percayalah bahwa Allah mendengar Anda. Berjalanlah maju dengan keyakinan, kesungguhan, dan ketenangan yang dalam di dalam kasih-Nya.

Lampiran

Pertanyaan dan Jawaban untuk Tinjauan dan Diskusi

Lampiran ini dirancang untuk menolong pembaca pribadi, keluarga, care cell, dan kelompok pemuridan meninjau kembali pesan dari setiap bab. Pertanyaan-pertanyaan ini dimaksudkan untuk membuka diskusi, memperkuat pemahaman Alkitab, dan menuntun penerapan pribadi.

Bab Satu: Anda Dapat Mengetahui Bahwa Anda Sudah Diselamatkan

P1: Dapatkah orang percaya benar-benar mengetahui bahwa ia sudah diselamatkan?

J: Ya. Alkitab memberikan kepastian kepada mereka yang percaya kepada Yesus Kristus. 1 Yohanes 5:13 menunjukkan bahwa orang percaya dapat mengetahui bahwa mereka memiliki hidup yang kekal. Keselamatan tidak berdiri di atas perasaan atau usaha manusia, tetapi di atas janji Allah dan kesaksian Roh Kudus.

P2: Apa yang harus saya lakukan ketika keraguan menyerang kepastian saya?

J: Kembalilah kepada Firman Tuhan. Keraguan dijawab oleh kebenaran Alkitab, bukan oleh perasaan semata. Roma 10:9 dan Yohanes 5:24 menegaskan bahwa keselamatan diberikan kepada orang yang percaya kepada Kristus dan menerima janji-Nya.

P3: Apa dasar utama kepastian keselamatan?

J: Dasar utama kepastian adalah Firman Tuhan. Perasaan dapat berubah, tetapi janji Allah tetap. Yohanes 5:24 menegaskan bahwa orang yang mendengar perkataan Kristus dan percaya kepada Dia yang mengutus

Kristus memiliki hidup yang kekal dan telah berpindah dari maut ke dalam hidup.

P4: Mengapa kesaksian Roh Kudus penting?

J: Roh Kudus meneguhkan di dalam hati orang percaya bahwa ia adalah anak Allah. Roma 8:16 mengajarkan bahwa Roh bersaksi bersama roh kita bahwa kita adalah anak-anak Allah. Kesaksian ini memberi damai, keyakinan, dan kepastian bahwa kita menjadi milik Kristus.

P5: Bagaimana kepastian keselamatan seharusnya memengaruhi kehidupan sehari-hari?

J: Kepastian keselamatan seharusnya menghasilkan damai, syukur, ibadah, ketaatan, dan keberanian untuk melayani Allah. Roma 8:1 mengingatkan bahwa tidak ada penghukuman bagi mereka yang ada di dalam Kristus Yesus. Karena itu, orang percaya dapat hidup dengan hati yang aman di dalam kasih Allah.

Bab Dua: Ketika Anda Menerima Yesus, Segalanya Mulai Berubah

P1: Apa yang mulai berubah ketika seseorang sungguh-sungguh menerima Yesus?

J: Perubahan yang nyata mulai terjadi dari dalam hati. Roh Kudus datang tinggal di dalam orang percaya, keinginan baru mulai bertumbuh, dan arah hidup mulai bergerak kepada Allah. 2 Korintus 5:17 menunjukkan bahwa siapa yang ada di dalam Kristus adalah ciptaan baru.

P2: Apakah orang percaya langsung menjadi sempurna?

J: Tidak. Perubahan biasanya berlangsung secara bertahap. Filipi 2:13 mengajarkan bahwa Allah bekerja di dalam kita, baik kemauan maupun pekerjaan menurut kerelaan-Nya. Orang percaya belum langsung matang dalam semua hal, tetapi Allah mulai bekerja dari dalam ke luar.

P3: Mengapa keinginan baru mulai tumbuh setelah keselamatan?

J: Karena Allah memberi hati yang baru dan menaruh Roh-Nya di dalam orang percaya. Yehezkiel 36:26–27 menunjukkan bahwa Allah memberi hati yang baru dan memampukan umat-Nya berjalan menurut kehendak-Nya.

P4: Bagaimana Roh Kudus menolong perubahan itu berlanjut?

J: Roh Kudus bekerja dalam kemauan, pikiran, sikap, dan tindakan orang percaya. Ia menuntun, menginsafkan, menguatkan, dan membentuk hidup kita supaya semakin menyerupai Kristus.

P5: Apa yang harus dilakukan ketika perubahan terasa lambat?

J: Orang percaya harus tetap menyerahkan diri kepada Allah dan memperbarui pikiran dengan Firman Tuhan. Roma 12:2 mengajarkan bahwa perubahan terjadi melalui pembaruan budi. Pertumbuhan mungkin bertahap, tetapi Roh Kudus tetap bekerja.

Bab Tiga: Ciptaan Baru, Natur yang Baru

P1: Apa artinya menjadi ciptaan baru di dalam Kristus?

J: Artinya orang percaya bukan hanya diperbaiki, tetapi dibuat baru secara rohani. 2 Korintus 5:17 menyatakan bahwa yang lama sudah berlalu dan yang baru sudah datang. Identitas lama tidak lagi menentukan siapa kita.

P2: Bagaimana kebenaran ini memengaruhi kehidupan sehari-hari?

J: Orang percaya tidak boleh hidup seolah-olah natur lama masih berkuasa penuh. Roma 6:11 mengajar kita untuk memandang diri telah mati bagi dosa tetapi hidup bagi Allah dalam Kristus Yesus.

P3: Apa yang terjadi dengan manusia lama ketika saya menerima Kristus?

J: Manusia lama telah disalibkan bersama Kristus. Galatia 2:20 menunjukkan bahwa hidup lama bukan lagi pusat hidup orang percaya, karena Kristus hidup di dalam dirinya.

P4: Mengapa saya harus berhenti mendefinisikan diri berdasarkan hidup lama?

J: Karena di dalam Kristus, identitas lama tidak lagi memiliki otoritas terakhir. Allah telah memberi hidup baru, dan orang percaya dipanggil untuk menyetujui apa yang Allah katakan tentang dirinya.

P5: Bagaimana saya dapat hidup dari natur yang baru secara praktis?

J: Hiduplah oleh iman, tolak cara berpikir lama, dan berserahlah kepada Roh Kudus setiap hari. Natur baru dinyatakan ketika kita belajar berkata ya kepada Allah dan tidak kepada dosa.

Bab Empat: Roh Kudus di Dalam Anda

P1: Apakah setiap orang percaya sejati memiliki Roh Kudus?

J: Ya. Roma 8:9 mengajarkan bahwa siapa yang tidak memiliki Roh Kristus bukanlah milik Kristus. Roh Kudus bukan hanya dekat dengan orang percaya; Ia tinggal di dalam orang percaya.

P2: Bagaimana saya menjadi lebih sadar akan karya Roh Kudus?

J: Sambutlah kehadiran-Nya setiap hari melalui doa, ketaatan, Firman Tuhan, dan kepekaan terhadap teguran-Nya. Yohanes 16:13 menunjukkan bahwa Roh Kebenaran menuntun orang percaya ke dalam seluruh kebenaran.

P3: Apa artinya tubuh orang percaya adalah bait Roh Kudus?

J: Artinya Roh Kudus tinggal secara pribadi di dalam orang percaya, sehingga hidup kita menjadi milik Allah. Karena itu, kita dipanggil untuk menghormati Allah dengan tubuh, pikiran, perkataan, dan tindakan kita.

P4: Bagaimana Roh Kudus menuntun orang percaya?

J: Ia menuntun melalui kebenaran Firman Tuhan, keyakinan batin yang sesuai dengan Alkitab, teguran, dan hikmat rohani. Roh Kudus tidak pernah menuntun bertentangan dengan Firman Allah.

P5: Apa hasil dari hidup oleh Roh?

J: Hidup oleh Roh memberi kemenangan atas keinginan daging dan menghasilkan karakter seperti Kristus. Galatia 5:16 mengajarkan bahwa orang yang hidup oleh Roh tidak akan menuruti keinginan daging.

Bab Lima: Dosa Tidak Lagi Berkuasa

P1: Apakah "dosa tidak lagi berkuasa" berarti orang Kristen tidak pernah berdosa?

J: Tidak. Artinya dosa tidak lagi menjadi tuan atas orang percaya. Orang Kristen masih dapat bergumul dan jatuh, tetapi tidak lagi harus tetap berada di bawah dominasi dosa. Roma 6:14 menyatakan bahwa dosa tidak akan berkuasa atas orang percaya.

P2: Apa yang harus dilakukan orang percaya setelah jatuh dalam dosa?

J: Ia harus mengaku dosa, kembali kepada Allah, dan percaya kepada pengampunan serta penyucian-Nya. 1 Yohanes 1:9 mengajarkan bahwa Allah setia dan adil untuk mengampuni dan menyucikan kita.

P3: Apa artinya dosa bukan lagi tuan orang percaya?

J: Artinya dosa tidak lagi memiliki otoritas untuk memerintah hidup orang percaya. Orang percaya mungkin dicobai, tetapi ia tidak lagi dipaksa untuk menaati dosa karena kuasa Kristus telah memerdekakannya.

P4: Bagaimana orang percaya harus merespons pencobaan?

J: Ia harus berdiri di atas kebenaran bahwa ia telah mati bagi dosa dan hidup bagi Allah. Ia juga harus berdoa, mengandalkan Roh Kudus, dan menjauh dari hal-hal yang membuka pintu bagi dosa.

P5: Janji apa yang Allah berikan ketika orang percaya mengaku dosa?

J: Allah berjanji mengampuni dan menyucikan. Pengakuan dosa bukan hanya menghapus rasa bersalah, tetapi memulihkan persekutuan dengan Allah dan membawa orang percaya kembali ke dalam terang.

Bab Enam: Kasih Karunia Mengajar Kita Hidup Benar

P1: Apakah kasih karunia hanya berarti pengampunan?

J: Tidak. Kasih karunia mencakup pengampunan, tetapi juga kuasa Allah yang mengajar dan mengubah hidup. Titus 2:11–12 menunjukkan bahwa kasih karunia mendidik kita untuk meninggalkan kefasikan dan hidup bijaksana, adil, dan beribadah.

P2: Bagaimana seseorang dapat menyalahgunakan kasih karunia?

J: Kasih karunia disalahgunakan ketika seseorang memperlakukannya sebagai izin untuk terus hidup dalam dosa. Kasih karunia yang benar justru mematahkan kuasa dosa dan menuntun orang percaya kepada kebenaran.

P3: Bagaimana kasih karunia mengajar orang percaya hidup benar?

J: Kasih karunia melatih hati untuk menolak dosa dan memilih kehendak Allah. Ia bukan hanya menutupi kesalahan, tetapi membentuk keinginan, pikiran, dan karakter agar semakin sesuai dengan Kristus.

P4: Mengapa kasih karunia bukan izin untuk terus berdosa?

J: Roma 6:1–2 menolak pikiran bahwa kita boleh terus berdosa supaya kasih karunia bertambah. Orang yang telah mati bagi dosa tidak seharusnya hidup lagi di dalamnya.

P5: Apa artinya kasih karunia memerintah?

J: Artinya kasih karunia menjadi kuasa yang memimpin hidup orang percaya kepada kebenaran dan hidup kekal melalui Yesus Kristus. Kasih karunia menggantikan pemerintahan dosa dengan pemerintahan Allah.

Bab Tujuh: Kerjakan Keselamatanmu

P1: Apakah mengerjakan keselamatan berarti bekerja untuk memperoleh keselamatan?

J: Tidak. Keselamatan diterima oleh kasih karunia melalui iman. Filipi 2:12–13 mengajarkan bahwa orang percaya mengerjakan keluar apa yang Allah telah kerjakan di dalam. Ketaatan adalah respons atas keselamatan, bukan harga untuk membelinya.

P2: Mengapa kepastian keselamatan tidak boleh membuat hidup sembarangan?

J: Kepastian seharusnya menghasilkan syukur, hormat, dan ketaatan. Orang yang memahami nilai keselamatan tidak akan memperlakukannya dengan ringan, karena Roh Kudus menanamkan kerinduan untuk menyenangkan Allah.

P3: Apa artinya mengerjakan apa yang Allah telah kerjakan di dalam?

J: Artinya orang percaya merespons karya Allah melalui ketaatan, pertobatan, dan kerja sama dengan Roh Kudus. Keselamatan yang ada di dalam hati harus tampak dalam kehidupan sehari-hari.

P4: Mengapa orang percaya perlu meneguhkan panggilan dan pilihannya?

J: 2 Petrus 1:10 menasihati orang percaya untuk sungguh-sungguh meneguhkan panggilan dan pilihan mereka. Pertumbuhan dalam iman, karakter, dan ketaatan memberi kestabilan serta kesaksian bahwa karya Allah sungguh nyata.

P5: Apa peranan kekudusan dalam hidup Kristen?

J: Kekudusan adalah buah dari hidup yang menjadi milik Allah. Ibrani 12:14 memanggil orang percaya untuk mengejar kekudusan. Kita tidak mengejar kekudusan untuk membeli keselamatan, tetapi karena kita telah ditebus.

Bab Delapan: Dapatkah Kita Kehilangan Keselamatan?

P1: Bagaimana orang percaya memahami kepastian dan peringatan Alkitab secara seimbang?

J: Alkitab memberi kepastian yang kuat kepada mereka yang tinggal di dalam Kristus, tetapi juga memberi peringatan serius terhadap ketidakpercayaan yang mengeras dan tindakan menjauh dari Allah. Kepastian menghibur orang yang tulus, sedangkan peringatan membangunkan orang yang mulai ceroboh.

P2: Apa yang harus dilakukan seseorang jika ia sudah mulai menjauh dari Kristus?

J: Ia harus segera kembali kepada Kristus dengan kerendahan hati dan pertobatan. Allah penuh kemurahan kepada mereka yang berbalik. Peringatan Alkitab bukan untuk mengusir orang yang bertobat, tetapi untuk memanggilnya kembali sebelum hati menjadi keras.

P3: Bahaya apa yang diperingatkan dalam surat Ibrani?

J: Ibrani memperingatkan tentang hati yang jahat dan tidak percaya yang menjauh dari Allah yang hidup. Peringatan ini memanggil orang percaya untuk tetap rendah hati, berjaga-jaga, saling menasihati, dan tetap dekat dengan Kristus.

P4: Apa artinya tinggal di dalam Kristus?

J: Tinggal di dalam Kristus berarti tetap berada dalam hubungan yang hidup dengan Dia melalui iman, ketaatan, dan ketergantungan. Yohanes 15 menunjukkan bahwa ranting harus tetap tinggal pada pokok anggur agar berbuah.

P5: Bagaimana peringatan Alkitab seharusnya memengaruhi orang percaya yang tulus?

J: Peringatan itu tidak seharusnya menimbulkan kepanikan dalam hati yang bertobat, tetapi menghasilkan hormat, kewaspadaan, kerendahan hati, dan ketaatan yang diperbarui. Allah memakai peringatan untuk menjaga umat-Nya tetap dekat kepada-Nya.

Bab Sembilan: Buah yang Membuktikan Keselamatan Itu Nyata

P1: Buah apa yang seharusnya terlihat dalam hidup orang percaya sejati?

J: Buah Roh seharusnya mulai bertumbuh: kasih, sukacita, damai sejahtera, kesabaran, kemurahan, kebaikan, kesetiaan, kelemahlembutan, dan penguasaan diri. Galatia 5:22–23 menunjukkan bahwa karya Roh Kudus menghasilkan karakter Kristus dalam hidup orang percaya.

P2: Bagaimana buah keselamatan berhubungan dengan Amanat Agung?

J: Hidup yang telah diubahkan seharusnya membawa kasih kepada Allah, kasih kepada sesama, dan kerinduan untuk membagikan Injil. Amanat Agung memanggil orang percaya untuk menjadikan semua bangsa murid Kristus, membaptis, dan mengajar mereka menaati perintah-Nya.

P3: Mengapa kasih merupakan buah penting dari keselamatan sejati?

J: Kasih penting karena hidup Allah di dalam orang percaya menghasilkan kasih kepada Allah dan kepada sesama. Matius 22:37–39 menunjukkan bahwa kasih kepada Allah dan sesama merupakan inti kehidupan yang berkenan kepada Tuhan.

P4: Bagaimana ketaatan menunjukkan kasih yang sejati kepada Yesus?

J: Ketaatan adalah salah satu bukti kasih kepada Kristus. Yohanes 14:15 mengajarkan bahwa orang yang mengasihi Yesus akan menuruti perintah-Nya. Orang percaya tidak taat untuk membeli kasih Allah, tetapi karena kasih Allah telah mengubah hatinya.

P5: Mengapa keselamatan sejati mendorong orang percaya membagikan Injil?

J: Hidup yang telah diubahkan menjadi kesaksian bagi orang lain. Orang yang telah menerima kabar baik tidak seharusnya menyimpannya sendiri. Buah keselamatan mencakup kekudusan pribadi, kasih kepada sesama, dan misi untuk memperkenalkan Kristus kepada dunia.